MAP OF CUBA

MAPA DE CUBA

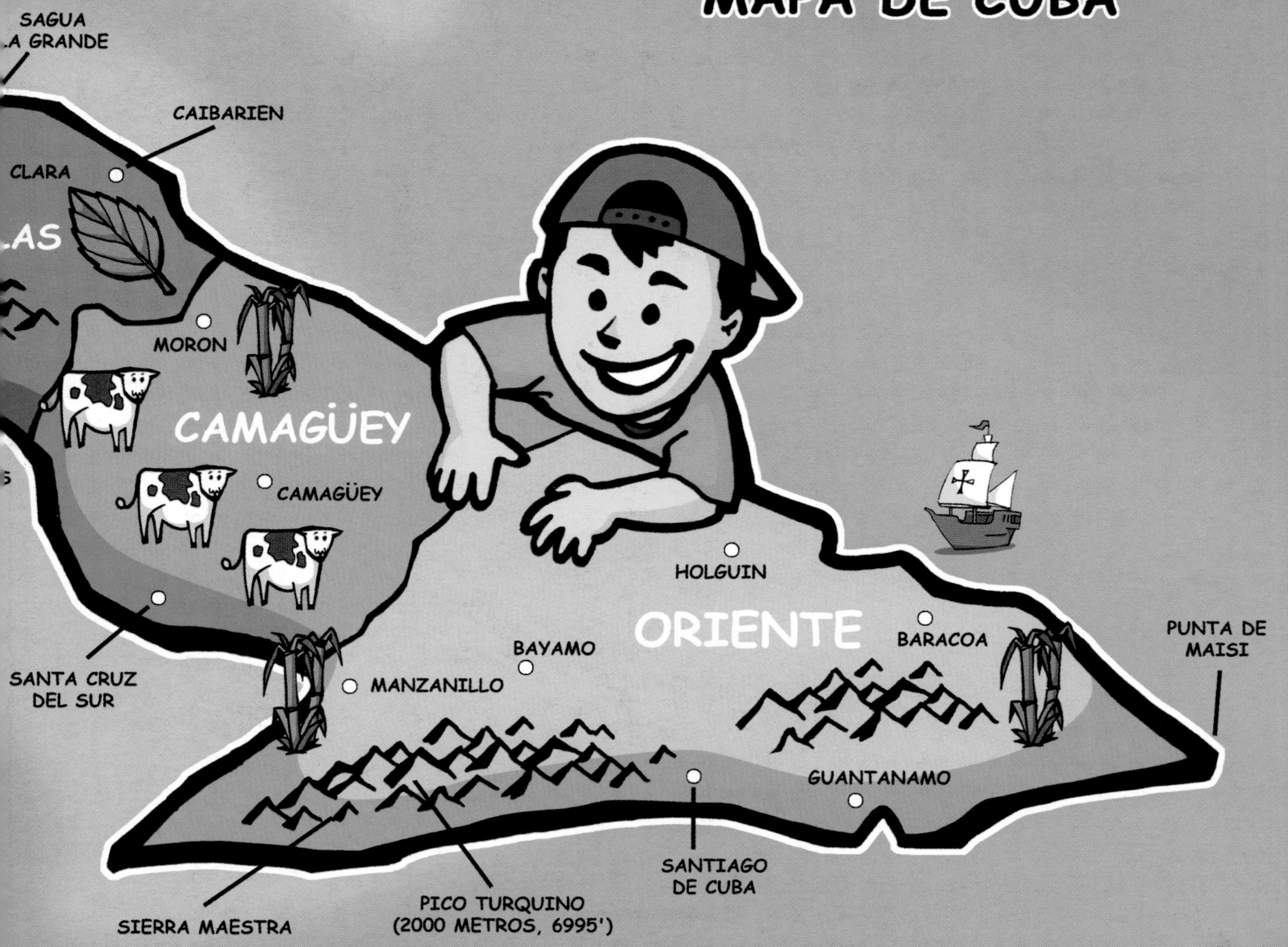

SAGUA
LA GRANDE

CAIBARIEN

CLARA

LAS

MORON

CAMAGÜEY

CAMAGÜEY

SANTA CRUZ
DEL SUR

HOLGUIN

ORIENTE

BAYAMO

MANZANILLO

BARACOA

PUNTA DE
MAISI

GUANTANAMO

SANTIAGO
DE CUBA

SIERRA MAESTRA

PICO TURQUINO
(2000 METROS, 6995')

Geographical Distribution as of 1960

Distribución Geografica de 1960

AZUCAR (SUGAR)

"Illustrated History Book"
"Libro Ilustrado de Historia"

Dr. Ismael Roque-Velasco

Cuba for Kids Foundation
P.O. Box 432804
South Miami, Florida 33243
Telephone (305) 667-6230
Facsimile (305) 740-6724
www.cubaforkids.com

COPYRIGHT © 2000
"CUBA for kids" Illustrated History Book by Dr. Ismael Roque-Velasco

All rights reserved. No part of this publication may be reproduced or transmitted in any form or by any means, electronic or mechanical, including photocopying, recording, or by an information-storage-and retrieval system, without the written permission of the author and publisher. Although every effort to ensure the accuracy and completeness of information contained in this book has been made, the author and publisher assume no responsibility for errors, inaccuracies, omissions, or any inconsistency herein.

Derechos reservados. Ninguna parte de esta publicación puede ser reproducida o transmitida por cualquier procedimiento normal, electrónico o mecánico, incluyendo fotocopias, grabaciones del texto o de las imágenes gráficas, sin el previo consentimiento del autor y el publicador. Aunque se hizo el esfuerzo de asegurar la veracidad y exactitud de la información contenida en este libro, el autor y publicador no asumen la responsabilidad por errores, inexactitudes, omisiones e inconsistencias.

Printed in the United States of America / *Impreso en los Estados Unidos de América*

Author and Producer:
Autor y Producción:

Dr. Ismael Roque-Velasco

Illustrator:
Ilustrador:

Gonzalo Montes de Oca

Contributing Writers, Historical Review & Suggestions:
Contribuciones Escritas, Revisión Histórica & Sugerencias:

Jaime Suchlicki - Director University of Miami Institute for Cuban and Cuban American Studies
Dr. Luis Aguilar León - Benemeritus Professor Georgetown University and Professor of University of Miami Institute for Cuban and Cuban American Studies
Dr. José Sánchez Boudy - Emeritus Professor University of North Carolina at Greensboro
Carlos Alberto Montaner - Writer and Professor
Jesús G. Rivas González - Professor & Historian Instituto Nacional de 2a Enseñanza en Salinas, Asturias, Spain

Contributing Members:
Contribuidores Asociados:

Ramón González Acebo (Text Coordinator / Coordinador de Texto)

Mimi & Pablo Bared
Angela M. Baquedano
Manuel Cienfuegos
Guillermo Molina
Carolina Perkins
Denise Piñera
Barbara Roque
Gabriela A. Roque-Velasco
Javier A. Roque-Velasco
Rafael Villoldo Cachaldora

Other Contributors:
Otras Contribucciones:
María del Carmen Urízar (University of Miami)
Mirta Iglesias (Translation / Traducciones)
Bernard Chang (Illustrations / Illustraciones)
Mosignor Agustin Roman (Our Lady of Charity Shrine / La Ermita de la Caridad)
Otto G. Richter Library Cuban Heritage Collection University of Miami Staff (Research / Investigación)

Printed by:
Impreso por:
AC Graphics - Miami, Florida
Augusto G. Casamayor

CONTENTS / CONTENIDO

NOTE TO THE READER

This book was made with a dream, to promote and enhance the awareness of the new generations for their cultural and historical background. There has been over 17 months of hard work, lots of books read, conferences and knocking on doors. But all of our efforts are insignificant compared to the sacrifice made by our parents and grandparents for us to grow up in freedom.

This book is dedicated to them and to those who ran out of time during the long exiled road, and would not be able to read it.

We hope that "Cuba for Kids" becomes the seed that awakes the interest for our history and serves as a bridge between parents and children, grandparents and grandchildren. Cultures that preserved their history are hard to defeat; knowing our past, we will build the future Cuba.

Dr. Ismael Roque-Velasco
Cuba for Kids Foundation
Miami, October 7th, 2000

MENSAJE AL LECTOR

Este libro se realizo con la intención de cumplir un sueño, el de despertar y mantener el interés de las nuevas generaciones por su pasado histórico-cultural. Han sido más de 17 meses de duro esfuerzo, muchos libros leídos, conferencias y tocar muchas puertas. Pero todo ese esfuerzo es insignificante cuando lo comparamos con el que hicieron nuestros padres y abuelos para que nosotros nos criáramos en libertad.

Este libro va dedicado a ellos y a todos esos que no lo podrán leer porque en el largo caminar de exiliado, se les acabó el tiempo.

Esperamos que "Cuba for Kids" se convierta en la semilla que despierte el interés por nuestra historia y que sirva de puente entre padres e hijos, entre los abuelos y los nietos, porque un pueblo que sabe preservar su historia es difícil de vencer; conociendo nuestro pasado, construiremos la Cuba del futuro.

Dr. Ismael Roque-Velasco
Cuba for Kids Foundation
Miami, 7 de octubre de 2000

PROLOGUE

"Cuba for Kids" is a practical and innovative way to introduce young children to the history and culture of Cuba.

The history of Cuba is rich and dynamic. During the Spanish colonial period the island became the sugar bowl of the Caribbean, the richest of all European colonies in the New World. The island was coveted by European powers and the British occupied Cuba briefly in the late 18th Century.

The Cubans remained under Spanish control longer than any other Spanish American country. By the second half of the 19th Century, desire for independence became strong. This was accompanied by the development of a separate cultural identity and the growth of nationalism. Cuban patriots called mambises led two wars in an attempt to rid Cuba from Spanish domination. Leaders like José Martí and others set examples of dedication and sacrifice for a free and independent Cuba.

The attempts at independence culminated in the Spanish-Cuban-American war and a short U.S. intervention in the island that led to Cuba's independence in 1902. The new nation was prosperous and democratic. Yet problems such as militarism, excessive individualism, personalismo, corruption and over-dependence on sugar developed as troublesome symptoms and causes of major crises.

In the cultural area, Cuba produced a body of poetry, literature, and music unparalleled in Latin America. Until the Castro revolution artistic freedom led to the development of a strong cultural tradition that has since moved to the Cuban diaspora in the U.S. and elsewhere.

I hope that this brief book will awaken the curiosity and interest among the young to learn more about Cuba's fascinating history.

Jaime Suchlicki
Director
Institute for Cuban and Cuban-American Studies
University of Miami

PRÓLOGO

"Cuba for Kids" es una forma práctica e innovativa de dar a conocer a los niños la historia y cultura de Cuba.

La historia de Cuba es rica y dinámica. Durante la época colonial española la Isla se convirtió en el tazón de azúcar del Caribe, la más rica de las colonias europeas en el Nuevo Mundo. La Isla era codiciada por los poderes europeos y los ingleses ocuparon Cuba brevemente a finales del Siglo XVIII.

Los cubanos permanecieron bajo el control español por más tiempo que ningún otro país hispano-americano. En la segunda mitad del Siglo XIX, el deseo de independencia se hizo fuerte. Esto estuvo acompañado por el desarrollo de una identidad cultural separada de la de España y por un deseo nacionalista de una patria libre. Los patriotas cubanos, conocidos como "mambises", dirigieron por años el esfuerzo por liberar a Cuba de la dominación española. Líderes como José Martí y otros fueron ejemplos de dedicación y sacrificio por una Cuba con libertad e independencia.

Los intentos para independizarse culminaron en la Guerra Cubano-Hispano-Americana y en una corta intervención de los Estados Unidos en la Isla, que al fin logró la independencia de Cuba en 1902. La nueva nación se convirtió en próspera y democrática. Pero problemas como el militarismo, individualismo excesivo, personalismo, corrupción y una gran dependencia en el azúcar crearon síntomas de inquietudes y causaron crisis mayores.

En el terreno cultural, Cuba ha producido un gran número de poetas, escritores y músicos sin paralelo en América Latina. Hasta el momento de la revolución de 1959, la libertad artística había producido el desarrollo de una fuerte tradición cultural que desde entonces se trasladó a la diáspora cubana en los Estados Unidos y otros lugares.

Espero que este libro despierte el interés y la curiosidad de las nuevas generaciones para aprender más sobre la fascinante historia de Cuba.

Jaime Suchlicki
Director
Instituto de Estudios Cubanos y Cubano-Americanos
Universidad de Miami

Columbus Lands in Cuba

Christopher Columbus landed in Cuba the 28th of October, 1492 and claimed it for the Spanish Crown. His first words were, "This is the most beautiful land that human eyes have ever seen."

The Spaniards found two main groups of Indians living peacefully amongst themselves upon Columbus arrival:

The Tainos had settled the eastern side of the Island. They were originally from South America and were under constant attack by the Caribes Indians, who crossed over from the Hispaniola Island (Dominican Republic and Haiti).

The Siboneyes settled the western side of the Island. They came from the Florida Peninsula and were the original Cuban natives. The Siboneyes were peaceful fishermen who made up 70 or 80% of the native population.

Colón Desembarca en Cuba

El 28 de octubre de 1492, Cristóbal Colón desembarca en Cuba y toma posesión de aquellas tierras en nombre de los Reyes de España, incorporando sus territorios a la Corona. "Es la tierra más hermosa que ojos humanos han visto", estas fueron las primeras palabras de Colón.

Cuando llegó Colón, los españoles se encontraron dos principales grupos de indios que vivían pacíficamente entre sí:

Los Taínos que poblaban el lado oriental de la Isla y provenían de América del Sur, siendo éstos constantemente invadidos por los indios Caribes que cruzaban de la isla "La Española" (República Dominicana y Haiti).

Los Siboneyes en el lado occidental de la isla, que procedían de la península de la Florida, y eran los nativos cubanos originales. Se dedicaban a la pesca de forma pacífica y constituían el 70 u 80% de la población indígena.

CHAPTER 2 CAPITULO

Conquest and Colonization

Diego Velazquez mission, by direct order of King Ferdinand of Spain, was to conquer and colonize the Island. The first cities were founded; such as "Nuestra Señora de la Asuncion" in the Baracoa area on the eastern side of the Island and close to the Maisi Cape. This was Cuba's first capital. Other cities followed, such as San Salvador de Bayamo, Trinidad, Sancti Spiritus, Santa Maria del Puerto Principe, Santiago de Cuba and Havana.

In 1511, Velazquez' army fought the Indians, who were led by Chief Hatuey. He was captured and burned alive, ending the Indian resistance. Despite the efforts of Fray Bartolome de las Casas (a monk called "The protector of the Indians") the native population was almost exterminated as the result of forced labor and exposure to European diseases previously unknown to it.

In order to replace the Indians, the colonizers started bringing African slaves, despite the fact that slavery was prohibited, penalized and punished by the Spanish kings. Thus, the terrible process of slavery in Cuba began.

Conquista y Colonización

Diego Velázquez por orden directa del Rey Fernando de España, tenía la misión de conquistar y colonizar la Isla. Se fundan las primeras ciudades, como "Nuestra Señora de la Asunción" en la región de Baracoa, al oriente de la Isla y cerca de la punta de Maisí, siendo ésta la primera capital de Cuba. Le siguieron otras ciudades como San Salvador de Bayamo, Trinidad, Sancti Spíritus, Santa María del Puerto del Príncipe, Santiago de Cuba y La Habana.

En 1511 el ejército de Velázquez combatió contra los indios liderados principalmente por el Jefe Hatuey, que fue capturado y quemado vivo, poniéndose así fin a la resistencia indígena. A pesar de los esfuerzos de Fray Bartolomé de las Casas, (un monje llamado: "El protector de los indios"), los indígenas fueron casi exterminados por el duro trabajo al que fueron sometidos y el contagio de enfermedades europeas antes desconocidas para ellos.

Para sustituir a los indios, los colonizadores empezaron a traer esclavos africanos (pese a que la esclavitud estaba prohibida, penada y castigada por los Reyes de España), iniciándose así el terrible proceso de la esclavitud en Cuba.

CHAPTER 3 CAPITULO

Cuba, a Spanish Colony

During the next three centuries (1500-1800), and due to its important geographical location, Cuba grew to be the most important Spanish colony in the New World. The Spanish spurned new discoveries and conquests such as that of Mexico and Florida from the island of Cuba. Cuba became so important that it came to be known as the "Pearl of the Antilles."

Continuous wars between Spain and other European countries led to their financing the actions of buccaneers and pirates who constantly attacked Spanish fleets and Cuba's main harbors. (Henry Morgan and Sir Francis Drake were among the most famous of these pirates.) During this period Spain built huge fortresses along Cuba's coast. Special importance was given to Havana's harbor, due to its strategic maritime location. The city developed, in large part, as a result of these edifications until it became the capital of Cuba.

Cuba's agriculture developed greatly, with sugar cane and tobacco becoming the main industries and sources of wealth for the Island.

In 1762, England assembled the largest naval and military force ever seen in the new continent, in order to conquer Havana. During the British occupation, which lasted one year, the Cubans were never loyal to the British crown and rejoiced when a peace treaty was signed between England and Spain (The Treaty of Paris, 1763). This treaty provided for Spain to relinquish Florida to the British in order to regain control of Havana.

Cuba, una Colonia de España

Durante los tres siglos siguientes (1500-1800) y dado su importante localización geográfica, Cuba llegó a ser la colonia española más importante del Nuevo Mundo. Desde la Isla los españoles gestaron nuevos descubrimientos y conquistas como México y la Florida. La importancia de la Isla llegó a ser tal que recibió el sobrenombre de "La Perla de las Antillas".

Las continuas guerras entre España y otros países europeos, contribuyó a que éstos financiasen las acciones de corsarios y piratas que hostigaban continuamente las flotas españolas y los principales puertos (Henry Morgan y Sir Francis Drake fueron algunos de los más famosos). Durante este período España construyó a lo largo de Cuba enormes fortalezas dando especial importancia al Puerto de La Habana, por su estrategia marítima. Gracias a estas construcciones se desarrollaría la ciudad, hasta convertirse, por su importancia, en la capital de Cuba.

Cuba obtuvo un gran desarrollo en la agricultura, siendo el azúcar y el tabaco las industrias que llegarían a ser la principal fuente de riqueza para la Isla.

En 1762, Inglaterra reunió la fuerza naval y militar más grande jamás vista en el nuevo continente para conquistar La Habana. Durante la ocupación británica, que duró un año, los cubanos nunca fueron fieles a la corona británica y se alegraron cuando la paz se firmó entre Inglaterra y España (1763, Tratado de París). Por este Tratado, España cede la Florida a Inglaterra y recobró, a cambio, La Habana.

CHAPTER 4 CAPITULO

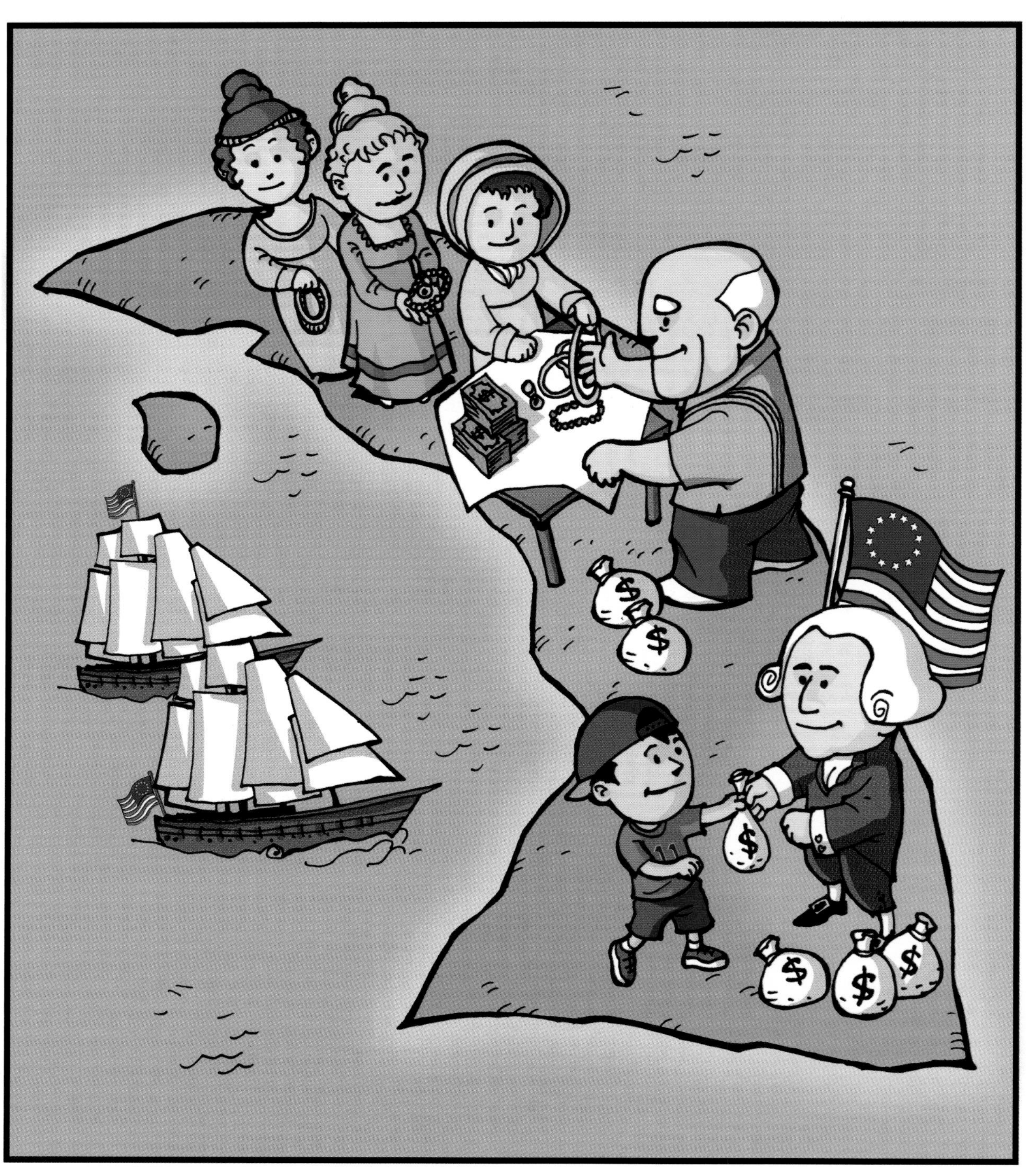

Cuban Assistance in the United States of America's War of Independence

by Carlos Alberto Montaner

Long before attaining their independence, the Cuban people helped the North Americans win their freedom. In 1771, Washington and many other American patriots fought against the British, but they were without funds to pay the soldiers' salaries and to buy food. They sent an urgent message to Havana: if they were unable to obtain a large sum of money, they were in danger of losing the war. The Cuban people quickly responded. Many surrendered their rings, silverware, candelabra, and, of course, their gold and silver coins. Soon a ship sailed carrying a great treasure for George Washington and his brave soldiers. The treasure was so great (1,300,000 gold pesos), that when they placed it on the wooden office floor it collapsed under its weight. But it arrived timely. The soldiers were able to collect their salaries and soon thereafter won one of the most important battles of the war: Yorktown. Perhaps things would have turned out differently without the help of the Cuban people.

Ayuda Cubana en la Guerra de la Independencia de los Estados Unidos

por Carlos Alberto Montaner

Los cubanos, muchos años antes de su independencia, ayudaron a los norteamericanos a conquistar su libertad. En 1771, Washington y muchos patriotas de Estados Unidos peleaban contra los ingleses, pero se habían quedado sin dinero para pagar el sueldo de los soldados y para comprar comida. Entonces, enviaron a La Habana un recado muy urgente: Si no conseguían una gran suma de dinero corrían el peligro de perder la guerra.

Los cubanos y las cubanas se pusieron rápidamente a trabajar. Muchas personas entregaron sus anillos, los cubiertos y candelabros de plata, y, por supuesto, grandes cantidades de monedas de oro y plata. Pronto el barco pudo zarpar con un gran tesoro destinado a George Washington y a sus bravos soldados.

Era tan grande el tesoro (1,300,000 pesos oro), que cuando lo colocaron sobre el piso de madera de la oficina, éste se hundió. Pero llegó a tiempo. Los soldados pudieron cobrar su salario y poco después ganaron una de las batallas más importantes de la guerra: Yorktown. Tal vez, sin la ayuda de los cubanos las cosas hubieran ocurrido de otro modo.

CHAPTER 5 CAPITULO

Colonial Society

During the middle of the XVII century, under King Charles III of Spain, Cuba began to progress due to its own commercial success, despite the slow and backward Spanish colonial system.

This system spurned a slow start which was later advanced by the building of schools, libraries, postal services, several newspapers and the University of Havana.

Some Cubans were elected to serve as Cuban delegates in the Spanish parliament. Father Felix Varela was an eloquent defendant of Cuban rights in Spain and the United States. "He was the first Cuban that taught us how to think."

Spain's policy toward Cuba was more concerned with the exploitation of Cuba's natural resources than with the well being of the Cuban people. Motivated by the desire to be free, and following the world independence movement, Cubans began to plant the seed of liberty and independence in the Spanish colonial system.

Sociedad Colonial

A mediados del siglo XVII, durante el reinado de Carlos III (Rey de España), Cuba comenzó a progresar por sus propios éxitos comerciales, a pesar de la torpeza y lentitud del sistema colonial español. Este sistema causó un lento comienzo que más tarde se impulsó con la creación de escuelas, bibliotecas, servicios postales, varios periódicos y la Universidad de La Habana.

Algunos cubanos fueron elegidos como diputados al parlamento español por Cuba. El padre Félix Varela, fue un elocuente defensor de los derechos cubanos en España y Estados Unidos, "El fue el primer cubano que nos enseñó a pensar".

La política de España hacia Cuba estaba más centrada en la explotación de sus riquezas que en el bienestar del pueblo cubano. Movidos por el deseo de ser libres, y siguiendo los movimientos independentistas mundiales, los cubanos empezaron a plantar las semillas de libertad e independencia en el sistema colonial español.

CHAPTER 6 CAPITULO

The Independence Movement

Beginning with the indigenous resistance, the Cubans had, on several occasions, demonstrated their capacity for sacrifice for the love of their country. During the English occupation (1762-63) and in spite of the injustices committed by the Spanish government. Heroes such as Pepe Antonio Gomez, demonstrated their courage fighting next to the Spaniards.

The first insurrection against the Spanish by "modern Cubans" took place in 1723. Tobacco farmers called "Vegueros" threatened to destroy the plantations if the exploitation continued. The governor arrested and hanged the first 12 Cuban martyrs in the town of Jesus del Monte.

The example set by the newly freed colonies from England and France in North America, and the Spanish government's monopoly and injustices committed during the first half of the XIX century resulted in numerous insurrections. They were patterned after the "Conspiracy of the Suns and Rays of Bolivar," using as an example Simon Bolivar in Latin America; "Sanchez and Aguero's Expedition," "The Conspiracy of the Black Eagle," "Aguero and Armentero's Conspiracy," and "The Expedition of Francisco Estrampes." These movements gave form to a strong Cuban reformist political class, which was the basis of "The Ten Year War."

El Movimiento Independentista

Desde la resistencia indígena los cubanos habían demostrado en varias ocasiones su capacidad de sacrificio por el amor a su tierra. Durante la dominación inglesa (1762-63) y a pesar de las injusticias cometidas por los gobiernos españoles, héroes como Pepe Antonio Gómez, demostraron su valentía luchando con los españoles.

En 1723 se produce la que puede considerarse la primera insurrección contra la dominación española por "cubanos modernos". Los cultivadores de tabaco llamados "vegueros" amenazan con destruir las plantaciones si continúan siendo explotados. El gobernador arresta y ahorca a los 12 primeros mártires cubanos en Jesús del Monte.

El ejemplo de las colonias independizadas de Francia e Inglaterra en Norteamérica, y los monopolios e injusticias de los gobernantes españoles hacen que se sucedan en la primera mitad del siglo XIX numerosos intentos de insurrección, como la "conspiración de los Soles y Rayos de Bolívar" tomando como ejemplo a Simón Bolívar en Latinoamérica, "la expedición de Sánchez y Agüero", "la conspiración del Aguila Negra", "la conspiración de Agüero y Armenteros", así como la conspiración de "Vuelta Abajo", la de "Ramón Pintó y la expedición de Francisco Estrampes", impulsaron la creación de una fuerte clase política cubana reformista, germen de la "Guerra de los Diez Años".

CHAPTER 7 CAPITULO

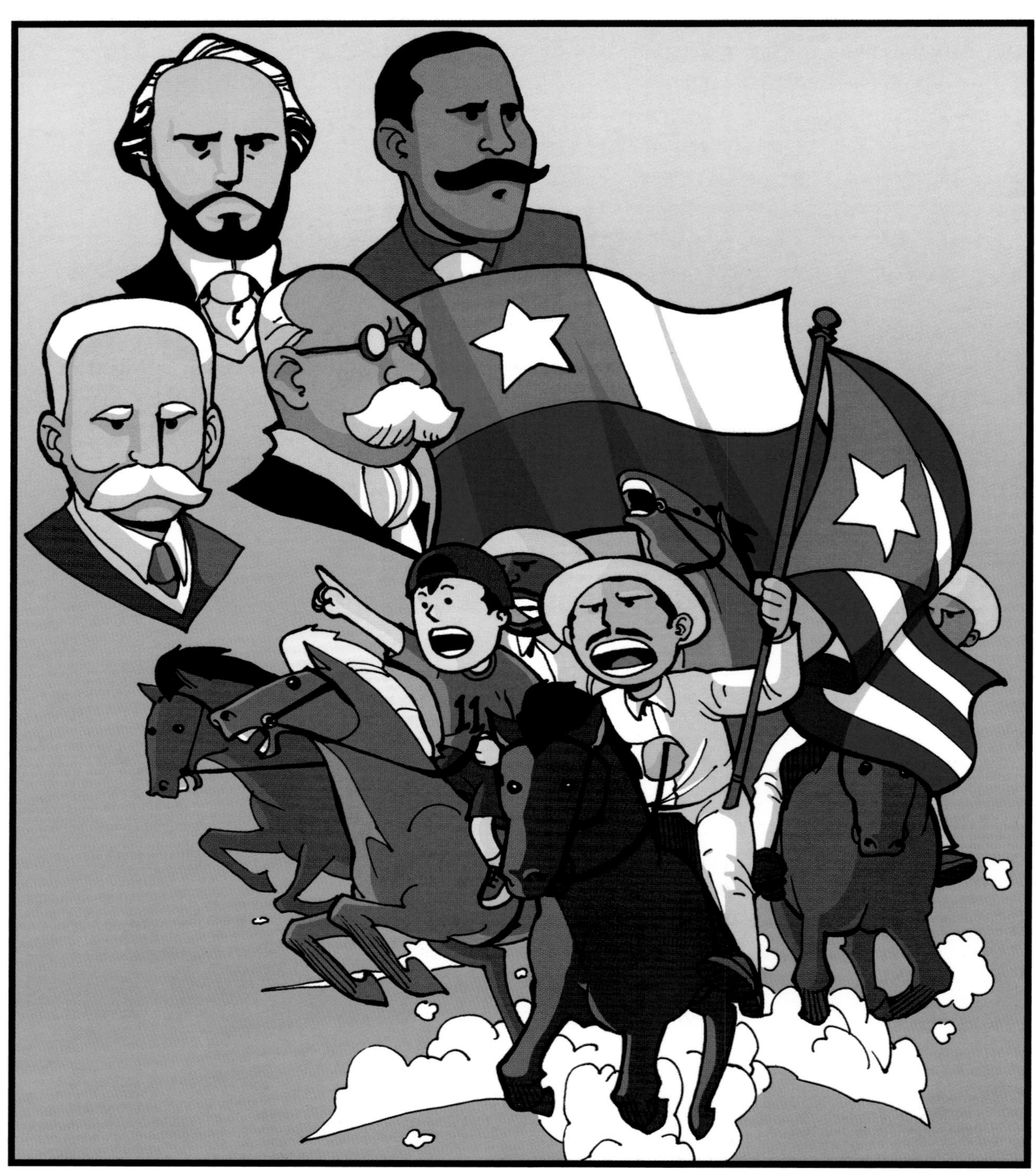

The Ten Year War - "Grito de Yara" 1868-1878

The independence movement started by Carlos Manuel de Cespedes (The Country's Father) in his sugar mill "La Demajagua" on October 10, 1868. Cespedes freed his slaves who, in turn, joined the rebel troops called "Mambises" and proceeded to take the city of Bayamo from Spanish control.

The most important of the rebel generals were Maximo Gomez, Calixto Garcia and Antonio Maceo. In 1869 a constitution was adopted by the Mambises rebels.

In 1871, eight medical students were wrongfully accused of desecrating a Spanish newspaper man's grave. They were sentenced to death and killed by a firing squad. Forty other students were sentenced to prison. This event increased the independence sentiment and the Cuban's revolutionary ideas.

Ten years later, a peace treaty was signed, but it was not accepted by some of the heroes of the fight for independence, such as Antonio Maceo, "The Bronze Titan".

La Guerra de los Diez Años - "Grito de Yara" 1868-1878

El movimiento independentista iniciado por Carlos Manuel de Céspedes "El Padre de la Patria", comienza el 10 de octubre de 1868 en su ingenio azucarero llamado "La Demajagua". De Céspedes libera a sus esclavos que, a su vez, se unieron a las tropas rebeldes llamadas "mambises", dirigiéndose a tomar la ciudad de Bayamo que estaba bajo mando español.

Los generales rebeldes más importantes fueron: Máximo Gómez, Calixto García y Antonio Maceo. En 1869 se adoptó la Constitución creada por los rebeldes mambises.

En 1871, ocho estudiantes de medicina fueron acusados injustamente de profanar la tumba de un importante periodista español. Fueron sentenciados a muerte y fusilados, y otros cuarenta estudiantes fueron enviados a prisión. Este hecho incrementó el sentimiento de independencia y las ideas revolucionarias de los cubanos.

Diez años después, se firmó un tratado de paz, pero no fue aceptado por algunos héroes de la independencia, como Antonio Maceo "El Titán de Bronce".

CHAPTER 8 CAPITULO

The War of Independence 1895-1902 "Grito de Baire" Jose Marti

Jose Marti, "Cuba's Apostle," began to fight for Cuba's freedom at the early age of 15. He was imprisoned and deported to Spain twice. Later he organized the independence movement from exile in the United States and founded the Cuban Revolutionary Party. Marti, a great poet and the brains of the revolution, insisted on fighting with the "Mambises" and died in battle in Dos Rios on May 19, 1895.

Upon his death, Marti became the symbol of the Cuban independence movement and its main inspiration. The "Mambises" were making strides to win the war, but the involvement of the United States in the conflict accelerated the war's end and changed the course of history.

"I cultivate a white rose
in July as in January
for the sincere friend
who gives me his hand frankly,
and for the cruel person who tears out
the heart with which I live,
I cultivate neither nettles nor thorns:
I cultivate a white rose".

Jose Marti

La Guerra de Independencia 1895-1902. "Grito de Baire" José Martí

José Martí, "el Apóstol de Cuba" empezó su lucha por la libertad de Cuba a la corta edad de 15 años; fue encarcelado y deportado dos veces a España. Después organizó el movimiento independentista desde su exilio en los Estados Unidos y fundó el Partido Revolucionario Cubano. Martí, gran poeta y el cerebro de la revolución, insistió en luchar con los "mambises" y murió en batalla en Dos Ríos, el 19 de mayo de 1895.

A partir de su muerte, Martí se convirtió en el símbolo del movimiento independentista cubano y su mayor inspiración. Los "mambises" avanzaban hacia la victoria, pero la entrada de los Estados Unidos a la lucha armada aceleró el final de la guerra, cambiando el curso de historia.

"Cultivo una rosa blanca
en julio como en enero
para el amigo sincero
que me da su mano franca,
y para el cruel que me arranca
el corazón con que vivo,
cardo ni ortiga cultivo:
Cultivo una rosa blanca".

José Martí

CHAPTER 9 CAPITULO

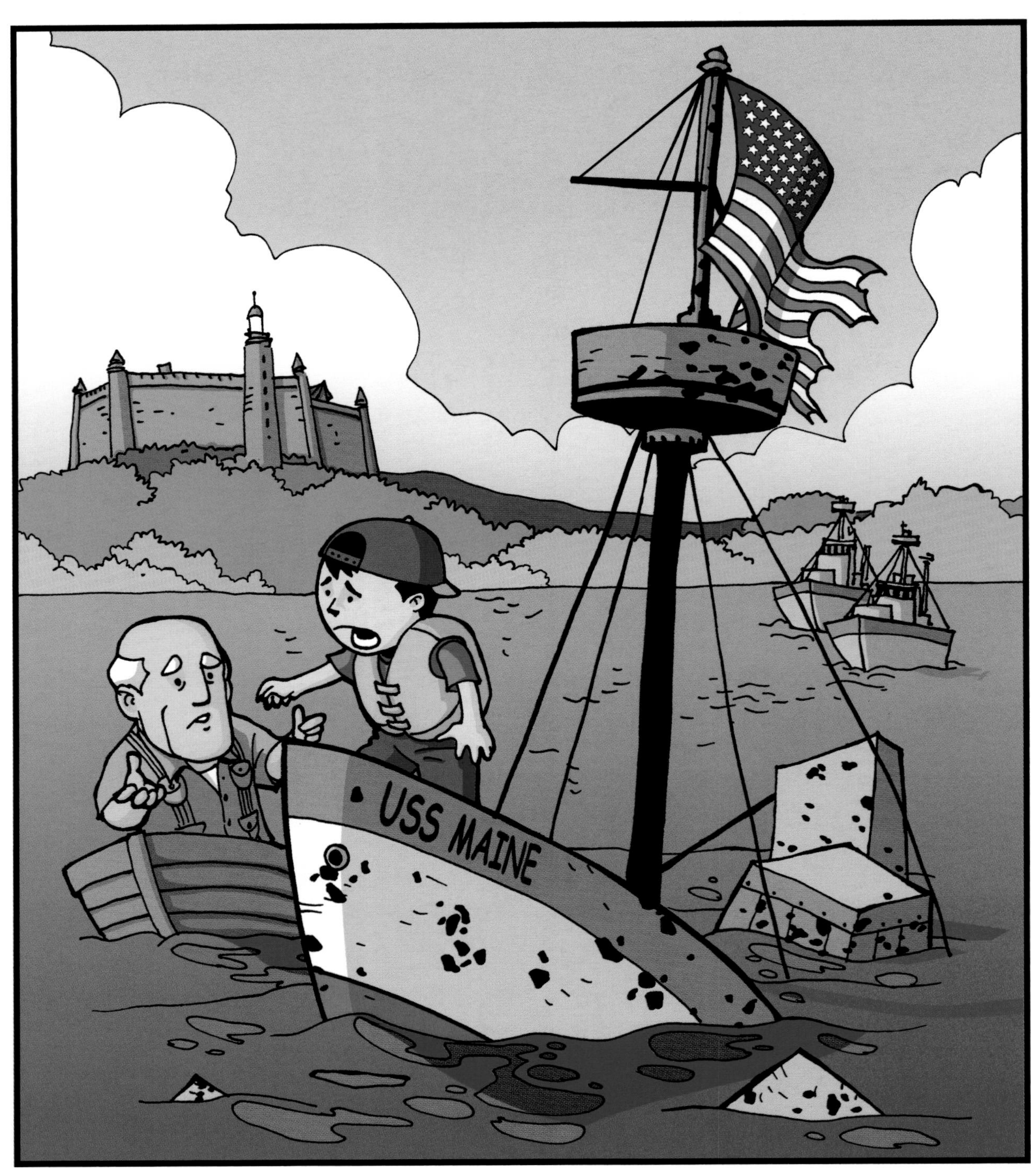

The Cuban – Spanish - American War 1898-1902

Cuba had again rebelled against the Spaniards in 1895. The American battleship "Maine" was sent to Cuba to protect American citizens.

On February 15, 1898, the battleship exploded in the Havana harbor claiming the lives of 260 American sailors. The United States of America declared war against Spain. The responsibility for the sinking of the Maine is still a mystery, with both parts (Spain and the United States) denying involvement.

Finally, on December 10, 1898, the Treaty of Paris was signed in which Spain gave up all claims to Cuba, Puerto Rico and the Phillippines.

La Guerra Cubano - Hispano - Americana 1898-1902

Cuba se había sublevado de nuevo contra los españoles en 1895. El acorazado americano "Maine" fue enviado a Cuba para proteger a los ciudadanos americanos.

El 15 de febrero de 1898 el acorazado explotó en el puerto de La Habana, costándoles la vida a 260 marineros americanos y los Estados Unidos declararon la guerra contra España. Todavía es un misterio quién hundió el Maine y ambas partes (España y Estados Unidos) niegan su participación en el hecho.

Finalmente, el 10 de diciembre de 1898 fue firmado el Tratado de París, por el que España perdió todos sus intereses en Cuba, Puerto Rico y Filipinas.

CHAPTER 10 CAPITULO

Cuba's Independence

Cuba's first sovereign government was established on May 20, 1902. Don Tomas Estrada Palma took oath as President and the Cuban flag proudly waived in all public and governmental buildings.

Cubans were encouraged to draft a constitution for their new country under the supervision of officials from the United States (The 1901 Constitution). This document included the provisions of the Platt Amendment. These provisions provided for the United States' interference in Cuba's internal affairs (negotiating foreign debt, leasing military bases and regulating exports). The new nation experienced political problems. The political unrest resulted in Cuba's occupation by U.S. troops from 1906 until 1909. Nevertheless, during the 1920's, Cuba's sugar industry and economy experienced great prosperity.

La Independencia de Cuba

El primer gobierno soberano de Cuba nació el 20 de mayo de 1902. Don Tomás Estrada Palma tomó juramento como presidente y la bandera cubana ondeó orgullosamente en todos los edificios públicos y gubernamentales.

Los cubanos fueron animados a desarrollar una Constitución para el recién nacido país, bajo la supervisión de los oficiales de Estados Unidos (la Constitución de 1901). Este documento incluyó las disposiciones de la Enmienda Platt. En estas disposiciones se aceptaba que los Estados Unidos interfirieran en los asuntos internos cubanos (negociando la deuda externa, arrendando bases militares y regulando las exportaciones).

La nueva nación experimentó problemas políticos; las inestabilidades políticas produjeron la ocupación de Cuba por tropas americanas desde 1906 hasta 1909. A pesar de esto, durante los años veinte, la industria azucarera y la economía cubana experimentaron una gran prosperidad.

CHAPTER 11 CAPITULO

Democratic Life and Presidents
Vida Democrática y Presidentes

Tomás Estrada Palma	1902-1906	
José Miguel Gómez	1909-1913	
Mario García Menocal	1913-1917	**Second Term 1917-1921** ***Segundo Mandato***
Alfredo Zayas Alfonso	1921-1925	
Gerardo Machado	1925-1928 1928-1933*	
Alberto Herrera	1933	
Carlos Manuel de Céspedes	1933	**Temporary government overthrown by** ***Gobierno temporal derrocado por***
Fulgencio Batista y Zaldívar*	1933	
Carlos Hevia	1934	
Carlos Mendieta	1934-1935	
José A. Barnet	1935-1936	
Miguel Mariano Gómez	1936	
Federico Laredo Bru	1936-1940	
Fulgencio Batista y Zaldívar	1940-1944	
Ramón Grau San Martín	1944-1948	
Carlos Prío Socarrás	1948-1952	**Government overthrown by** ***Gobierno derrocado por***
Fulgencio Batista y Zaldívar*	1952-1959	**Government overthrown by** ***Gobierno derrocado por***
Fidel Castro Ruz*	1959	**Present** ***Presente***

* Non democratic elected president / *Presidente no electo democráticamente*

CHAPTER 12 CAPITULO

The Democratic Cuba

The democratic Cuba developed despite political turmoil resulting from confrontations between the conservative and liberal parties. These were years of great struggle to overcome inequalities created during the Spanish rule.

The Platt Amendment was abolished in 1934. (This law empowered the United States to meddle in Cuban internal affairs.) In 1940, a democratic election installs Fulgencio Batista as Cuba's president. Previously, "The 1940 Constitution" was created and established. It was one of the most modern and most advanced constitutions in the world.

Cuban society advanced by its own merits. The working class reached never-expected levels; women had an important role in society. Culture and education reached a majority of the Cuban people; newspapers, television, radio stations and the movie industry, along with several universities founded contributed to the dissemination of knowledge in a democratic ambiance.

Cubans were known worldwide for their achievements in the financial, cultural and sports fields.

La Cuba Democrática

La Cuba democrática fue desarrollándose a pesar de los numerosos contratiempos políticos, causados por los enfrentamientos entre conservadores y liberales. Fueron años de grandes esfuerzos para superar las desigualdades creadas durante la dominación española.

La Enmienda Platt fue abolida en 1934, (ley que aceptaba la intrusión norteamericana en asuntos cubanos). En 1940, a raíz de elecciones democráticas, Fulgencio Batista se convierte en presidente de Cuba, y anteriormente se había redactado y puesto en vigencia la "Constitución de 1940"; una de las constituciones democráticas más avanzada que existían en el mundo.

La sociedad avanzaba en sus logros, la clase obrera alcanzaba niveles de progreso antes impensables, la mujer tenía un importante lugar en la sociedad, la cultura e instrucción llegaban a la mayor parte del pueblo, y periódicos, la televisión, estaciones de radio y cineastas contribuían, junto con varias universidades, a difundir el conocimiento en un ambiente democrático.

Los cubanos eran reconocidos mundialmente como triunfadores en los terrenos económicos, culturales y deportivos.

CHAPTER 13 CAPITULO

The End of Democracy in Cuba - Batista's 1952 Coup d'etat

In 1952 Cuba was a prosperous democratic country based on a strong middle class economy. It was then that a member of the military named Fulgencio Batista y Zaldivar took over the government by force and overthrew the democratically elected president and member of the Authentic party, Carlos Prio Socarras.

Batista easily wins the support of the United States, in spite of a fragmented and divided opposition which had little internal cohesion.

Among several opposition groups, most of them made up of university students, one was led by Fidel Castro Ruz. This group attacked the Moncada Garrison in the city of Santiago de Cuba (Oriente). The attack failed.

Castro and his group were sentenced to prison and were later pardoned by a general amnesty in May, 1955.

El Final de la Democracia en Cuba - Golpe de Estado de Batista en 1952

En 1952 Cuba era un país democrático, rico y con una economía basada en una clase media amplia. Fue entonces cuando un militar llamado Fulgencio Batista y Zaldívar tomó el poder por la fuerza, derrocando al presidente democráticamente electo y miembro del Partido Auténtico de Cuba, Carlos Prío Socarrás.

Batista consigue hábilmente el apoyo de los Estados Unidos, frente a una oposición poco unida que peleaba entre sí.

Entre los grupos opositores había un grupo de hombres jóvenes, muchos de ellos estudiantes universitarios, liderados por Fidel Castro Ruz, que atacaron el cuartel del ejército en la ciudad de Santiago de Cuba (Oriente) llamado el Cuartel Moncada. El asalto fracasó.

Castro y su grupo fueron sentenciados a prisión, para ser perdonados posteriormente en una amnistía general en mayo de 1955.

CHAPTER 14 CAPITULO

Castro's Revolution Takes Over Control January 1, 1959 - Batista Flees Cuba

Castro returns to Cuba again in late 1956 with a few men to renew the fight against Batista's regime. He settled in Oriente province in a very remote and mountainous region called "Sierra Maestra."

During the next two years, Castro fought a guerrilla warfare against Cuba's army with the assistance of his insurrectional movement called "26 of July."

Towards the end of 1958, the United States removed their support of the Batista regime, forbidding them to purchase weapons in the United States, while allowing Castro's supporters to do so. Finally, on January 1, 1959, Batista flees Cuba.

During this period, the more notorious revolutionary figures had been killed in the conflict, and Fidel Castro becomes the principal figure in the fight against Batista.

La Revolución de Castro Toma el Poder el 1ro de Enero de1959-Batista Huye de Cuba

Castro vuelve a Cuba a finales de 1956 con unos pocos hombres para comenzar de nuevo el conflicto armado abierto contra el régimen de Batista. Se instaló en la provincia de Oriente en una región remota y montañosa llamada "Sierra Maestra".

Durante los siguientes dos años Castro realizó una guerra de guerrillas contra el ejército de Cuba, ayudado por su movimiento insurreccional llamado el "26 de Julio".

A finales de 1958, los Estados Unidos retiraron su apoyo al régimen de Batista, prohibiéndole la compra de armas en los Estados Unidos, mientras sí les permitía a los partidarios de Castro comprarlas. Finalmente, el 1ro de enero de 1959, Batista abandona el país.

Durante este período las figuras más notables de la revolución habían muerto en el conflicto, y Fidel Castro se convierte en el personaje principal de la lucha contra Batista.

CHAPTER 15 CAPITULO

Cuba's Exodus Begins, Millions of Cubans Seek Exile

The instability of the previous Cuban governments and the false promises made by the self proclaimed revolutionaries decisively influenced the Cuban people, who at that time were inclined to support Castro's revolution.

During this period, Castro has not clearly proclaimed his ideology. He deceives the political forces seeking democracy, postpones the elections and towards the end of 1960, Castro's revolutionary government becomes a totalitarian system. All foreign and Cuban properties were nationalized by the totalitarian socialist system of state control.

Right after these events took place, many of Castro's comrades in arms, sympathizers and those who patiently awaited the development of events, were murdered, imprisoned or had to flee seeking exile in different countries throughout the world.

Comienza el Exodo Cubano, Millones de Cubanos Desterrados

La inestabilidad de los últimos gobiernos cubanos y las falsas promesas de los auto-denominados revolucionarios influyeron decisivamente en el pueblo cubano, que en esos momentos se inclina por apoyar la revolución de Castro.

Durante este período, Fidel Castro no había declarado claramente su ideología, y engañando al resto de las fuerzas políticas que deseaban democracia, pospone las elecciones y a finales de 1960, el gobierno revolucionario de Castro se convirtió en un sistema totalitario. Todas las propiedades extranjeras y cubanas fueron nacionalizadas por el sistema totalitario socialista de control estatal.

A raíz de estos eventos, muchos de los compañeros de armas de Castro, simpatizantes inicialmente y aquéllos que observaban pasivamente a la espera de los acontecimientos, fueron asesinados, encarcelados, o tuvieron que emprender un duro camino hacia el exilio por diferentes países de todo el mundo.

CHAPTER 16 CAPITULO

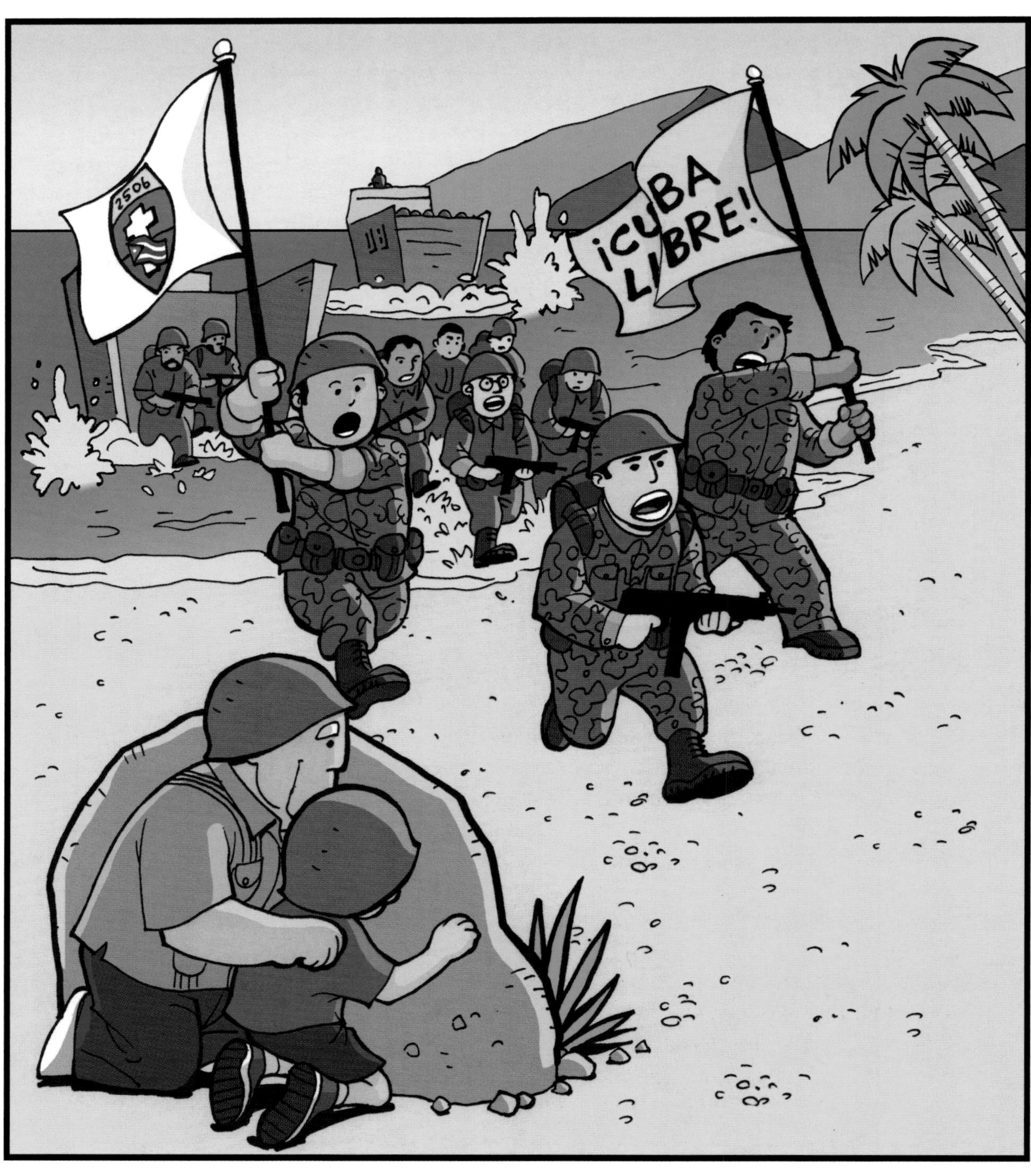

Bay of Pigs Invasion (Giron Beach) by Exile Forces on April 17, 1961

Driven by a large discontent with the political direction of Castro's government, many Cubans in exile and in Cuba began conspiring against Castro.

The United States broke diplomatic relations with Cuba in early 1961, and President Eisenhower assigned the Central Intelligence Agency (CIA) the task of doing away with Castro. An army of Cuban exiles was formed in order to invade Cuba and overthrow Castro.

After several months of training in Guatemala, this small army ("Brigada 2506") landed in the Southern coast of Cuba in a place called Bay of Pigs - Giron Beach on April 17, 1961.

John F. Kennedy was the president of the United States at the time the Brigade landed. Fearful of repercussions due to international opinion, Kennedy withdrew aerial support to the Brigade before and after their landing. Consequently, without the planned aerial support and lacking supplies and reinforcements, the Brigade was defeated 3 days later.

In December 1962, under pressure from the increasing number of Cuban exiles, the surviving members of the Brigade who were imprisoned were exchanged for medicines supplied by the government of the United States.

Bahía de Cochinos (Playa Girón) Invasión por Fuerzas del Exilio el 17 de Abril de 1961

Movidos por el gran descontento con la nueva política del gobierno de Castro, muchos cubanos en el exilio y en Cuba, comenzaron a conspirar para derrocar a Castro.

Los Estados Unidos rompieron las relaciones con Cuba a principios de 1961 y el presidente Eisenhower asignó a la Agencia Central de Inteligencia (CIA) la tarea de librarse de Castro, para lo cual formaría un ejército de exiliados cubanos para invadir a Cuba y derrocar a Castro.

Después de varios meses de entrenamiento en Guatemala, este pequeño ejército -"Brigada 2506"- llegó a la costa del sur de Cuba llamada Bahía de Cochinos- Playa Girón el 17 de abril de 1961.

En el momento del desembarco, el presidente de los Estados Unidos era John F. Kennedy. Asustado por las repercusiones de la opinión internacional, retiró el apoyo aéreo a la brigada antes y después de su desembarco. Por consiguiente, sin el apoyo aéreo como habían planificado y sin suministros ni refuerzos, la Brigada fue derrotada 3 días después.

Presionados por el gran número de exiliados cubanos, los miembros supervivientes de la brigada que estaban encarcelados, fueron canjeados por medicinas aportadas por el gobierno de los Estados Unidos, en diciembre de 1962.

CHAPTER 17 CAPITULO

Cuba Becomes a Soviet Communist Ally

Months after the failed "Bay of Pigs" invasion by Cuban exiles, Castro proclaimed his plans for the government by declaring: "I have been and will be a Marxist-Leninist until the day I die". Castro transforms Cuba into a communist state and an ally and satellite of the Soviet Union. There have been no free elections in Cuba since that time.

Thousands of Cubans who did not agree with Castro's plans for Cuba's future were incarcerated, tortured, murdered or had to leave the country, losing all their belongings.

As an ally of the USSR, Cuba received from the Soviets fuel, buses, trucks, automobiles, and especially weapons (which made the Cuban army a very powerful arm against its Caribbean neighbors). There was also Soviet assistance and influence in the arts (ballet and classical music), sports and medicine.

Until the fall of communism and division of the Soviet Union into independent republics in the middle of the 80's, Cuba's survival was dependent upon foreign Soviet assistance. These events caused the beginning of the so-called "special period" during which restrictions for the Cuban people increased; but not so for government members and foreign tourists.

Cuba se Convierte en un Aliado Comunista Soviético

Meses después de la fallida invasión por exiliados cubanos en "Bahía de Cochinos", Castro declaró sus planes de gobierno, proclamando: "He sido y seré marxista - leninista hasta el día que me muera". Castro convierte a Cuba en un estado comunista aliado y satélite de la Unión Soviética. Desde entonces no se volvieron a realizar elecciones libres en Cuba.

Miles de cubanos que no estaban de acuerdo con la nueva visión de Castro sobre el futuro de Cuba fueron encarcelados, torturados, asesinados o tuvieron que huir del país, siendo robadas todas sus pertenencias.

Cuba, como aliado de la URSS, recibió de los soviéticos: combustible, autobuses, camiones, automóviles y especialmente armas (lo que convirtió al ejército cubano en un brazo poderoso contra sus vecinos caribeños). También hubo ayuda e influencia soviética en las artes (ballet y música clásica), los deportes y la medicina.

De esta manera la supervivencia de Cuba estuvo supeditada a la ayuda extranjera soviética hasta la caída del comunismo y la división de la Unión Soviética en repúblicas independientes a mediados de los años 80. Estos eventos originaron el comienzo del llamado "período especial" durante el cual se agravaron las restricciones para el pueblo cubano, no así para sus dirigentes y turistas extranjeros.

CHAPTER 18 CAPITULO

Cuban Missile Crisis Between the U.S.A. and the USSR in October, 1962

During the summer of 1962, photographs taken by a United States spy plane showed that Cuba was receiving large quantities of military equipment from the Soviet Union.

In the month of October, President Kennedy announced to the nation that the Soviets were installing missile bases capable of launching a nuclear attack against the United States and its neighbors.

Kennedy ordered a naval blockade of the island and demanded the immediate withdrawal of the nuclear missiles. Tensions between the United States and the Soviet Union reached the point of starting a nuclear war, and did not end until the Soviets accepted Kennedy's request to remove the missiles in exchange for the United States commitment not to invade Cuba (Kennedy/Khrushchev Treaty).

Crisis de los Misiles de Octubre de 1962 Entre EE.UU.- URSS

Durante el verano de 1962 las fotografías tomadas por un avión espía de Estados Unidos descubrieron que Cuba estaba recibiendo grandes cantidades de equipo militar de la Unión Soviética.

En el mes de octubre, el Presidente Kennedy dijo a la nación que los soviéticos estaban instalando bases de misiles capaces de lanzar un ataque nuclear contra los Estados Unidos y sus vecinos.

Kennedy ordenó el inicio de un bloqueo naval a la Isla y exigió la retirada inmediata de los misiles nucleares. Las tensiones entre los Estados Unidos y la Unión Soviética rozaron el borde de una guerra nuclear, y no cesaron hasta que los soviéticos aceptaron la demanda de Kennedy de retirar los misiles nucleares, a cambio del compromiso de Estados Unidos de no invadir Cuba (Acuerdo Kennedy/Khrushchev).

CHAPTER 19 CAPITULO

The Mariel Boat Exodus

In 1980, due to the growing discontent of the Cuban people with Castro's 21 years of hard line dictatorship government, over 10,000 Cubans in search of freedom, stormed into the Peruvian embassy in Havana.

This event was the spark that, after weeks of negotiations and due to international pressure, caused the Cuban regime to authorize the departure of an enormous flotilla from the Cuban Port of Mariel to Miami.

Cuban exiles from Miami went to Cuba in vessels to pick up family members, but the Cuban regime forced them to take on board unknown individuals who, in many instances, were mental patients, delinquents and criminals released from prison.

Taking advantage of this short period in which Castro maintained an "open door" policy, more than 125,000 Cubans left for the United States by sea. This was called "The Mariel Boat Exodus."

El Exodo del "Mariel"

En 1980, arrastrados por el creciente descontento de los cubanos respecto a los 21 años de la dura dictadura castrista, más de 10,000 cubanos, en busca de libertad entran por la fuerza a la embajada peruana en La Habana.

Este hecho provocó que, después de semanas de negociaciones y a causa de la presión internacional, el régimen cubano autorizara que una enorme flotilla partiera del puerto del Mariel en Cuba con destino a Miami.

Los exiliados cubanos de Miami fueron a Cuba en embarcaciones para recoger a sus familiares, pero el régimen cubano les obligó a llevar a bordo desconocidos que en muchos casos eran enfermos mentales, delincuentes y criminales liberados de prisión.

Aprovechando este corto período en el que Castro mantiene una política de puertas abiertas, más de 125,000 cubanos salieron por mar hacia los Estados Unidos. Este acontecimiento tomó el nombre de "El Exodo del Mariel".

CHAPTER 20 CAPITULO

Cubans

by Dr. Luis Aguilar Leon

The inhabitants of the Island slowly became a nation, mixing races, fighting against pirates and buccaneers, learning about independence and, finally, taking on machetes and weapons to victoriously fight the Spanish colonial regime. Assistance from the United States was the "final touch."

In spite of enormous difficulties, independence opened up opportunities to improve sugar cane and tobacco production, diversify agriculture and plant the seed for industrialization. The change of name was evidence of the transformation of the inhabitants, originally called "Children of the Earth," then "Indigenous" and finally, "Cubans" - who were proud of their Island, their literature and music which disseminates happiness throughout the world.

The Cuban people live under the despotism of a government that has caused pain and misery, but, as before, the Cubans, full of pride and looking towards the future, fight for their ideals and will be able to form that new republic "With All, and For the Good of All" that Marti had dreamed about.

Cubanos

por el Dr. Luis Aguilar León

Los habitantes de la Isla se fueron forjando como pueblo, mezclando las razas, luchando contra piratas y corsarios, aprendiendo a soñar con la independencia y, finalmente, usando los machetes y las armas para combatir victoriosamente al régimen colonial español. La ayuda de los Estados Unidos culminó la campaña.

A pesar de enormes dificultades, la independencia abrió la oportunidad de mejorar la producción de azúcar y de tabaco, de diversificar la agricultura y de sentar las bases de la industrialización. El cambio de nombre evidenció la transformacion de los habitantes, llamados primero "Hijos de la Tierra", luego "Criollos" y finalmente "Cubanos", orgullosos de su Isla, su literatura y una música, que reparte alegría por el mundo.

El pueblo cubano vive hoy bajo el despotismo de un gobierno que ha creado dolor y miseria, pero, como antes, llenos de orgullo, mirando al futuro, los cubanos luchan por sus ideales y lograran crear a esa república "Con Todos y Para el Bien de Todos" que soñaba Martí.

CHAPTER 21 CAPITULO

Cuban National Coat of Arms and Patron

The Cuban Coat of Arms was created by Miguel Teurbe Tolon in 1844.

The Coat of Arms is divided in three sections:

An upper horizontal section over two vertical sections. The horizontal represents the geographical and political importance of Cuba by picture of a key located in the Gulf of Mexico. On the left side of the two lower sections the island is portrayed with three diagonal and parallel lines. On the right, Cuba's freedom is portrayed by a royal palm.

The Coat of Arms is topped by the "cap of liberty" (which is a symbol of freedom since the time of the French revolution), with the solitary star.

"Our Lady of Charity" is Cuba's patron. Her shrine is located El Cobre town in Oriente. In 1628, she was found by three boys called "the Juan's" (Juan and Rodrigo Hoyos and Juan Moreno), while sailing in their small boat at Nipe's bay.

El Escudo Nacional Cubano y Patrona

El escudo cubano fue creado por Miguel Teurbe Tolón en 1844.

Está dividido en tres secciones:

La superior horizontal sobre dos verticales. La horizontal representa la importancia geográfica y política de Cuba por medio de una llave situada en el Golfo de México. Las dos partes inferiores cuentan a la izquierda la división de la isla representada con tres franjas diagonales y paralelas. A la derecha, se muestra la libertad de Cuba por medio de una palma.

El escudo está coronado por el "gorro frigio" (símbolo de la libertad desde la revolución francesa), con la estrella solitaria.

La patrona de Cuba es "la Virgen de la Caridad" y su santuario está localizado en el pueblo de El Cobre en Oriente. En 1628, tres niños llamados "Los Juanes" (Juan y Rodrigo Hoyos y Juan Moreno), la encontraron cuando navegaban en su pequeño bote por la bahía de Nipe.

CHAPTER 22 CAPITULO

Cuban National Anthem

The Cuban National Anthem was written by Pedro "Perucho" Figueredo in 1867. It was sung for the first time in the city of Bayamo, Oriente. That is why it is called "La Bayamesa."

"Run to combat, Bayameses,
the country is watching you proudly,
don't be afraid of a glorious death,
because dying for your country is living."

"Living in chains is living,
sunk in affront and infamy,
listen to the clarion,
run to arms, valiant ones."

Himno Nacional Cubano

El himno nacional cubano fue escrito por Pedro "Perucho" Figueredo en 1867, y fue estrenado en la ciudad de Bayamo, Oriente. Por eso se le llamó "La Bayamesa".

"Al combate corred bayameses,
que la patria os contempla orgullosa,
no temais una muerte gloriosa,
que morir por la patria es vivir".

"En cadenas vivir es vivir,
en afrenta y oprobio sumido,
del clarín escuchad el sonido,
a las armas valientes corred".

CHAPTER 23 CAPITULO

Cuban National Flag

The Cuban flag was designed by Miguel Teurbe Tolon in 1849.
The three blue stripes are symbols of the eastern, central and western natural boundaries of the regions of Cuba.
White represents purity.
The red triangle represents the efforts undertaken to reach justice.
The white star is the light and guidance of the Cuban people.
Narciso Lopez reached Cuba looking for independence and carrying the flag in 1850.

"Three blue stripes and two white (ones),

A red triangle and a solitary star,

this is the flag of Cuba, my country."

Bandera Nacional Cubana

La bandera cubana fue diseñada por Miguel Teurbe Tolón en 1849.
Las tres rayas azules representan el oriente, centro y occidente, límites naturales de las regiones en Cuba.
El blanco representa la pureza. El triángulo rojo simboliza el esfuerzo por alcanzar la justicia.
La estrella blanca es la luz y guía de los cubanos.
Narciso López llegó a Cuba buscando la independencia enarbolando la bandera en 1850.

"Tres franjas azules y dos blancas,

un triángulo rojo y una estrella solitaria,

ésa es la bandera de Cuba, mi patria".

Cuban Dreams

by Dr. Ismael Roque-Velasco
Collaboration by Dr. Jose Sanchez-Boudy

Finally, Pepito went to sleep, but soon thereafter he began to dream. He was riding with his friends throughout the beautiful mountains of Oriente; they stopped at "Dos Rios," where Marti was reading his poetry to some children. In Camaguey, they saw large fields of cattle and Maceo was telling a group of farmers that they have to defend their country and freedom "machete in hand." In Las Villas, amidst the sugar cane, they rested and listened as union workers spoke about labor laws, their right to meet, associate and speak and write in total freedom.

They went swimming at Matanza's famous Varadero beach, where all Cubans and foreigners were enjoying the beautiful Cuban waters. As they rode into old Havana, they stopped at the steps of the university in order to hear Padre Varela's explanation of our constitution and of the new Republic of Cuba.

It was very late when they reached San Antonio Cape in Pinar del Rio. It had been a long journey. Pepito's hands were tired from riding while holding the Cuban flag, but then he remembered the words of our Apostle Jose Marti: "There are men who never tire, when their countrymen are tired." Pepito woke up to go to school and told his grandfather: "Our Mambises will soon ride in a Free Cuba."

Sueños Cubanos

por el Dr. Ismael Roque-Velasco
Colaboración del Dr. José Sánchez-Boudy

Finalmente, Pepito se fue a dormir, pero pronto comenzó a soñar. El se veía cabalgando con sus amigos por las bellas montañas orientales, pararon en "Dos Ríos", donde Martí estaba leyendo libremente sus poesías a unos niños; en Camagüey, vieron grandes campos llenos de ganado y a Maceo diciéndole a un grupo de campesinos que su tierra y libertad hay que defenderlas con el machete en la mano. En Las Villas, entre cañas de azúcar, descansaron y escucharon a los trabajadores azucareros hablar de leyes sindicales, su derecho de reunión, asociación, de hablar y escribir en completa libertad.

Fueron a nadar a la famosa playa matancera de Varadero, donde todos los cubanos y extranjeros disfrutaban de las bellas aguas cubanas. Cuando cabalgaban hacia La Habana Vieja, pararon en la escalinata de la universidad para oír al Padre Varela explicar nuestra constitución y la nueva República de Cuba.

Ya era muy tarde cuando llegaron al Cabo de San Antonio en Pinar del Río. Había sido un largo trecho y las manos de Pepito le dolían de cabalgar con la bandera cubana, pero entonces recordó las palabras de nuestro Apóstol José Martí: "Hay hombres que no se cansan cuando los pueblos se cansan". Pepito se despertó para ir a la escuela diciéndole a su abuelo: "Pronto cabalgarán los mambises en una Cuba Libre".

A child, from the time he can think, should think about all he sees,

should suffer for all who cannot live with honesty,

should work so that all men can be honest,

and should be honest himself.

Jose Martí

El niño, desde que puede pensar, debe pensar en todo lo que ve,

debe padecer por todos los que no pueden vivir con honradez,

debe trabajar porque puedan ser honrados todos los hombres,

y debe ser un hombre honrado.

José Martí

BIBLIOGRAPHY / BIBLIOGRAFÍA

Thomas, Hugh. **Cuba, The Pursuit of Freedom**
Harper & Row, 1971

Maso, Calixto C. **Historia de Cuba**
Ediciones Universal, 1976

Suchlicki, Jaime. **Cuba, From Columbus to Castro and Beyond**
Brassey's, 1997

Rius-Montero, Dra. Rosa. **Cuba, Breve Historia**
La Moderna Poesia, 1989

Friedman, Marcia. **Cuba, The Special Period**
Samuel Book Publishers, 1998

Johnson, Haynes. **The Bay of Pigs**
W.W. Norton & Company, 1964

Aguilar Leon, Luis. **Todo Tiene Su Tiempo**
Ediciones Universal, 1997

Montaner, Carlos Alberto. **Informe Secreto Sobre la Revolución Cubana**
Sedmay Ediciones, 1976

Diaz, Luis D. **Historia de Cuba Ilustrada**
Precision litho Corp., 1996

Aroca, Santiago. **Fidel Castro. El Final del Camino**
Planeta, 1992

Stout, Nancy. **Habanos, The Story of the Havana Cigar**
Rizzoli International Publications, 1997

Rodriguez Jimenez, Fernando L. **Sentir Cuba**
Agualarga Editores, 1995

Marchand, Pierre. **Cuba**
Editions Nouveaux-Loisirs, 1999

Oppenheimer, Andres. **Castro's Final Hour**
Simon & Schuster, 1992

Wyden, Peter H. **Bay of Pigs**
Simon and Schuster, 1979

Smith, Wayne S. **Portrait of Cuba.**
Turner Publishing, 1991

Montaner, Carlos Alberto. **Viaje al Corazon de Cuba**
Plaza & Janés, 1999

Jacobsen, Karen. **Cuba, A New True Book**
Childrens Press, 1990

Cummins, Ronnie. **Cuba, Children of the World**
Gareth Stevens Children's Books, 1991

Staub, Frank. **Children of Cuba**
Carolrhoda Books, 1996

Morrison, Marion. **Country Insights Cuba**
Raintree Steck-Vaughn Company, 1998

Carley, Rachel. **Cuba, 400 Years of Architectural Heritage**
Whitney Library of Design, 1997

Michener, James A. and Kings, John. **Six Days in Havana**
University of Texas Press, 1989

Bethancourt, Maritza. **Los Pueblos Mas Bellos de Cuba**
Agualarga Editores, 1997

Rivas González, Jesús G. **Orígenes**
Principado de Asturias, 1993

Martín, Lidia. **Pequeña Historia de Goya**
Editorial Mediterrania, 1996

Fonseca, Dr. Miguel A. **La Historia de Cuba**
Fernandez y Cia., S. en C.,1949

Marti, Jose. **Poesias**
La Moderna Poesia, Inc. 1983

Ripoll, Carlos. **Jose Marti, Ideario**
Editorial Dos Rios, 1995

ACKNOWLEDGEMENTS / AGRADECIMIENTOS

This publication has been possible in part by the contributions of the following corporations, endowments and persons:
Esta publicacion a sido posible en parte por las contrbuciones de las siguientes corporaciones y personas:

CORPORATE SPONSORS
CORPORACIONES PATROCINADORAS

Physicians Healthcare Plans - Physicians Care Plus Plan

Pharmed
HealthSouth Doctor's Hospital
Hispanic Bradcasting Corporation
Northern Trust Bank of Florida
Union Planters Bank
Telemundo
Kiwanis Club of Little Havana
Univision
Florida Crystals Corp.
El Nuevo Herald
Cristina Saralegui Enterprises
Cuba Nostalgia
Radio Unica
Municipios de Cuba en el Exilio

A Grant from the Endowment for Cuban American Studies of The Jorge Mas Canosa Freedom Foundation

FAMILY SPONSORS
FAMILIAS PATROCINADORAS

Agustín Acosta
Betina Aguilera
Mick, Max & Alex Aixala
Marianela Amador
Marcos Avila
Emilio Calleja
José C. Cancela
Carlos M. de Céspedes
De La Cruz Family
Jorge Dominicis
Estefan Family
Marcia Facundo
Michael B. Fernández
Luis Fernández-Rocha, Jr.
Marta Flores
Andy García
René García
Pepe & Frankie Hernández
Adolfo Leyva de Varona
Cesareo Llano
Lincoln Mendez
Leslie Pantin, Jr.
Ninoska Pérez Castellón
Obdulio Piedra
Sergio Pino
César Pizarro
Jorge Plasencia
Dr. Manuel Rico Pérez
Julio G. Rebull, Jr.
Rev. Guillermo A. Revuelta
Yvette Sanguily
Maritere & Jon Secada
Agustín Tamargo
Hortensia Trías
Silvia & Rocky Vazquez
Cecilia T. Velasco

CUBA FOR Kids

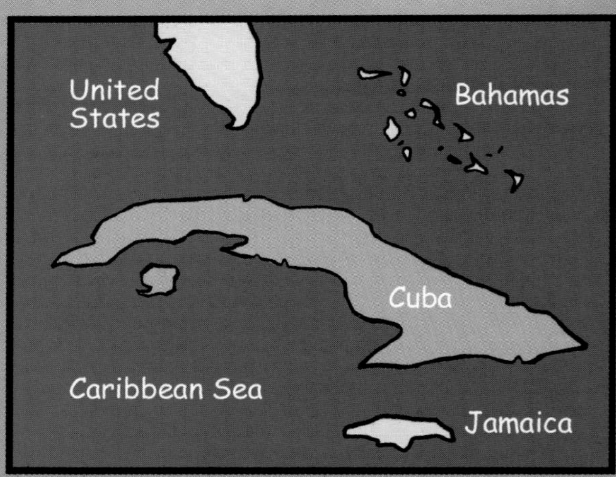

TABACO (TOBACCO)

GANADO